Animales asquerosos

Animales apestosos

por Katie Chanez

Bullfrog en español

Ideas para padres y maestros

Bullfrog Books permite a los niños practicar la lectura de textos informativos desde el nivel principiante. Las repeticiones, palabras conocidas y descripciones en las imágenes ayudan a los lectores principiantes.

Antes de leer

- **Hablen acerca de las fotografías. ¿Qué representan para ellos?**
- **Consulten juntos el glosario de las fotografías. Lean las palabras y hablen de ellas.**

Durante la lectura

- **Hojeen el libro y observen las fotografías. Deje que el niño haga preguntas. Muestre las descripciones en las imágenes.**
- **Léale el libro al niño o deje que él o ella lo lea independientemente.**

Después de leer

- **Anime al niño para que piense más. Pregúntele: ¿Has sentido alguna vez el olor de un animal apestoso? ¿A cuál animal le has sentido el mal olor?**

Bullfrog Books are published by Jump!
5357 Penn Avenue South
Minneapolis, MN 55419
www.jumplibrary.com

Library of Congress Cataloging-in-Publication Data

Names: Chanez, Katie, author.
Title: Animales apestosos / por Katie Chanez.
Other titles: Stinky animals. Spanish
Description: Minneapolis, MN: Jump!, Inc., [2025]
Series: Animales asquerosos | Includes index.
Audience: Ages 5–8
Identifiers: LCCN 2024004628 (print)
LCCN 2024004629 (ebook)
ISBN 9798892132756 (hardcover)
ISBN 9798892132763 (paperback)
ISBN 9798892132770 (ebook)
Subjects: LCSH: Animal chemical defenses—Juvenile literature. | Animal defenses—Juvenile literature. | Odors—Juvenile literature. | Adaptation (Biology) —Juvenile literature.
Classification: LCC QL759 .C4318 2025 (print)
LCC QL759 (ebook)
DDC 591.4/7—dc23/eng/20240229

Editor: Alyssa Sorenson
Designer: Emma Almgren-Bersie
Translator: Annette Granat

Photo Credits: Nynke van Holten/Shutterstock, cover; Mirko_Rosenau/iStock, 1; Vaclav MatousShutterstock, 3; Rizvisual/Shutterstock, 4 (foreground); Patrick Hatt/Shutterstock, 4 (background); Romeo Andrei Cana/Shutterstock, 5; Geoffrey Kuchera/Shutterstock, 6–7, 22tr, 23br; Liz Leyden/iStock, 8; Eric Isselee/Shutterstock, 9; Betty4240/iStock, 10–11, 23bl; Claudio Divizia/Shutterstock, 12–13; RealityImages/Shutterstock, 14–15; DeAgostini/SuperStock, 15, 23tl; FunnyDive/Shutterstock, 16–17; Ondrej Prosicky/Shutterstock, 18; Lauren Bilboe/Shutterstock, 19; Martin Pelanek/Shutterstock, 20–21; Nenad Nedomacki/Shutterstock, 22tl; Andreas Altenburger/Shutterstock, 22bl; Menno Schaefer/Shutterstock, 22br; engagestock/Shutterstock, 23tr; AB Photographie/Shutterstock, 24.

Printed in the United States of America at Corporate Graphics in North Mankato, Minnesota.

Tabla de contenido

¿Qué apesta? 4

¿Por qué apestan? 22

Glosario de fotografías 23

Índice 24

Para aprender más 24

¿Qué apesta?

¡Qué asco!
¿Qué apesta?

¡Es un zorrillo!

Un zorrillo tiene miedo.

Él rocía.

¡Ten cuidado!

Apesta.

Un lémur hace un olor feo.

Se lo frota en su cola.

Él menea su cola.
Esto significa: '¡Vete!'.

Los bueyes almizcleros tienen una orina apestosa.

Su pareja la huele.

¡A ella le gusta!

¡Ten cuidado!

Es un chinche apestoso.

Él apesta.

Esto le dice a los animales:
‘¡No me comas!’.

escarabajo
bombardero

Este escarabajo rocía ácido.

Eso quema.

También apesta.

¡No te acerques!

Es una serpiente rata rey.

Ella deja escapar
un olor feo.

¿Por qué?

Está asustada.

¡Mira!

¡Un glotón!

También se le llama oso mofeta.

Él rocía su casa.
El mal olor dice: "¡No te acerques!".

hoatzin

Este ave eructa.

Los eructos apestan.

¡Qué asco!

¿Por qué apestan?

¿Por qué apestan algunos animales? ¡Echa un vistazo!

para estar a salvo

para marcar su territorio

para encontrar una pareja

Glosario de fotografías

ácido
Una sustancia que puede quemar.

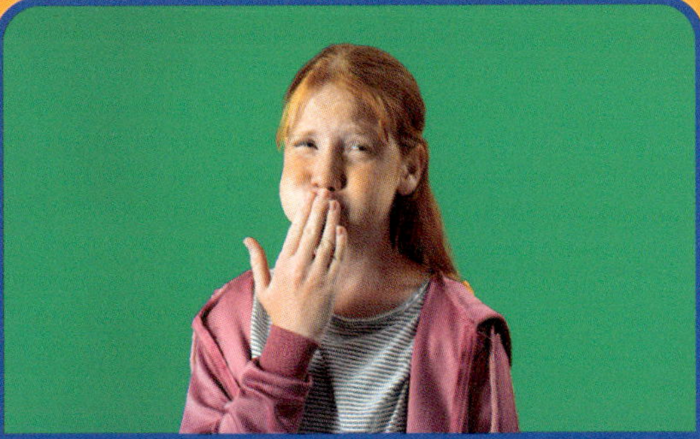

eructa
Deja salir por la boca gases que vienen del estómago.

pareja
El macho o la hembra en un par de animales.

rocía
Esparce líquido en gotas.

Índice

ácido 15
ave 21
bueyes almizcleros 10
chinche apestoso 12
eructa 21
escarabajo 15
glotón 18
lémur 8
orina 10
rocía 6, 15, 19
serpiente rata rey 16
zorrillo 5, 6

Para aprender más

Aprender más es tan fácil como contar de 1 a 3.

1. Visita www.factsurfer.com
2. Escribe "animalesapestosos" en la caja de búsqueda.
3. Elige tu libro para ver una lista de sitios web.